EXCURSION EN

MIRAFLORES

PAR

TIERNY

ARCHIVISTE DU GERS

MONTAUBAN

IMP. ET LITH. ÉD. FORESTIÉ, RUE DE LA RÉPUBLIQUE

—

1894

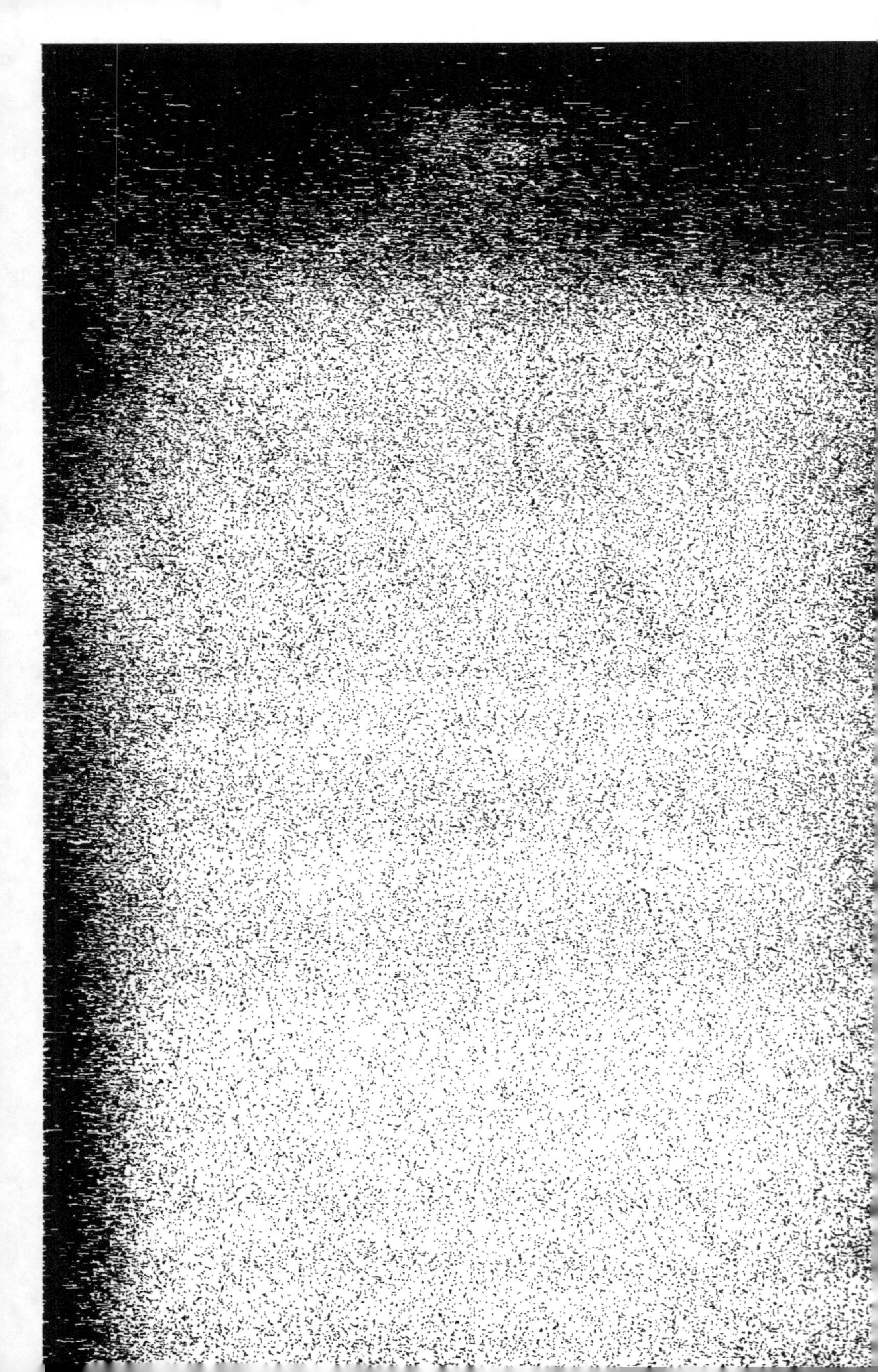

MIRAFLORES

MIRAFLORES

PAR

TIERNY

ARCHIVISTE DU GERS

MONTAUBAN

IMP. ET LITH. ÉD. FORESTIÉ, RUE DE LA RÉPUBLIQUE

—

1894

MIRAFLORES

I

Lorsque notre Société se rendit de Burgos à Miraflores, le 20 septembre dernier, elle savait quelles merveilles l'y attendaient : Théophile Gautier les avait décrites. Il avait vanté aussi l'accueil qu'on y recevait ; et nous avons pu constater que cette tradition ne s'était pas perdue, à la Chartreuse. Notre illustre compatriote ne nous avait laissé rien d'inconnu à découvrir, rien d'inédit à publier, et il condamnait en même temps celui qui est chargé de faire la relation de ce voyage à redire en mauvais termes ce que lui-même avait décrit dans un si beau langage !

La Chartreuse de Miraflores est située près de la ligne du chemin de fer de Bayonne à Madrid, à quatre kilomètres environ avant d'arriver à Burgos. Fondée en 1441, sur l'emplacement d'un palais de

Henri III, pour servir de sépulture royale, elle fut tout à fait terminée par Isabelle en 1488, d'après les plans de Jean de Colonia. Elle présente une grande unité de style. L'extérieur en est austère et simple ; la vue ne rencontre que des murailles en pierres grises et des toits de tuiles, celui de l'église à peine égayé par sa galerie circulaire en style gothique flamboyant ; le couvent semble faire corps avec la colline aride et dénudée qu'il surmonte.

Une cour assez vaste donne accès à la Chartreuse ; deux des côtés de cette cour sont couverts en forme de cloître, un troisième est occupé par l'entrée de l'église, au-dessus de laquelle se voient les armes de Castille et de Portugal. Sur le tympan du portail est sculptée une descente de croix ; à droite et à gauche, le soleil et la lune figurant l'Église et la Synagogue ; c'est un symbolisme fréquent dans les représentations du Moyen-Age.

L'église présente un vaisseau unique, éclairé dans le haut par dix verrières qui méritent de retenir un moment notre attention : elle sont d'un dessin très soigné en même temps que d'une grande richesse de coloris ; on peut supposer qu'elles sont l'œuvre d'un peintre flamand. Voici les diverses scènes qu'elles représentent ; à gauche, en commençant par l'entrée de l'église : 1º l'Agonie de Jésus-Christ au jardin des Oliviers, à côté des apôtres endormis, 2º la Flagellation, 3º l'*Ecce homo*, 4º le Chemin de la croix et 5º le Crucifiement ; à droite, en continuant du chœur à l'extrémité de la nef : 6º la Mise au tombeau, 7º la Résurrection, 8º l'Ascension, 9º la Pentecôte et 10º le Jugement dernier. Comme on le voit, c'est la reproduction de l'épopée chrétienne toute entière. La voûte est à nervures compliquées, comme toutes celles de cette époque.

L'église est divisée en trois parties : une partie réservée au public, l'avant-chœur et le chœur. Les deux côtés de l'avant-chœur sont occupés par quatorze stalles destinées aux Frères Chartreux ; elles sont en chêne sculpté représentant des personnages en grandeur naturelle.

Le chœur ne renferme que des merveilles. Je citerai d'abord les quarante stalles qui en décorent les murs ; par l'admirable effet d'ensemble, sinon par la finesse des détails, elles rappellent celles de la cathédrale d'Auch, qui sont incontestablement ce que l'art gothique a produit, en ce genre, de plus délicat et de plus fin. Au milieu du chœur sont les tombeaux de Jean II et de sa seconde femme Isabelle, tombeaux en marbre blanc et d'un travail achevé. « On s'étonne, dit Théophile Gautier, que la patience humaine soit venue à bout d'une pareille œuvre ; seize lions, deux à chaque angle, soutenant huit écussons aux armes royales, servent de base aux tombeaux. Ajoutez un nombre proportionné de figures allégoriques, d'apôtres et d'évangélistes ; faites serpenter à travers tout cela des rameaux de feuillage, des oiseaux, des animaux, des lacs d'arabesques, et vous n'aurez qu'une bien faible idée de ce prodigieux travail. Les statues couronnées du roi et de la reine sont couchées sur le couvercle : le roi tient son sceptre à la main et porte une robe longue, guillochée et ramagée avec une délicatesse inconcevable. »

A gauche, à demi engagé dans le mur, est le tombeau de l'infant Alonzo, mort à Cardenossa le 15 juillet 1470, à l'âge de seize ans. « L'infant y est représenté à genoux devant un prie-Dieu ; une vigne découpée à jours, où de petits enfants se suspendent et cueillent des raisins, festonne l'arc gothique qui encadre la composition. » Ces monuments sont dus à Gil de Silvé, qui fit aussi la sculpture du maître-autel.

A droite du chœur, la porte qui donne accès au cloître est surmontée d'une statue représentant la Vierge assise et tenant l'enfant Jésus dans ses bras. C'est un groupe admirable et charmant, qui rappelle, par la finesse du travail, les tombeaux déjà signalés. Sur les bras du fauteuil de la Vierge sont sculptés des personnages nus, figurant nos premiers parents.

A gauche du chœur une autre porte conduit aux trois chapelles qui, de ce côté, sont adossées à l'église.

Dans la première de ces chapelles, dédiée à saint Bruno, on admire une fort belle statue de ce saint : elle offre un tel mouvement et une telle vie, qu'elle fait illusion au premier coup d'œil ; on croirait voir le saint vivant; il ne lui manque en vérité que la parole, et il parlerait, disent les Chartreux, si la règle ne le défendait. C'est dans cette chapelle que se trouve la *Madeleine* de Ribéra et un tableau représentant la décollation de saint Jean-Baptiste, plus remarquable assurément par son réalisme que par la couleur locale; on voit toutes ses vertèbres tranchées par le fer du bourreau, et les personnages portent les costumes du XVIe siècle.

Des deux chapelles suivantes, dites de Miraflores et de la Compassion, je citerai seulement leurs *vestida*, ou statues recouvertes d'étoffes, comme on en voit tant en Espagne.

A droite de l'église sont le cloître et la salle du chapitre, celle-ci ornée de tableaux représentant les Pères du désert, Pacôme, Blaise, Antoine, Paul, etc... Le cloître est voûté d'arête. Il prend jour sur le jardin du Prieur par de petites fenêtres où se voient encore des débris d'anciens vitraux; les appuis de ces fenêtres sont couverts de carreaux hispano-mauresques d'un dessin curieux. Toutes les cellules des Chartreux donnent dans le cloître; elles se composent chacune de quatre pièces, d'une galerie couverte et d'un petit jardin.

II

Théophile Gautier, dans le récit qu'il fait de sa visite à la Chartreuse, nous a conservé le souvenir du Prieur, « pauvre vieux moine laissé par pitié dans ce couvent abandonné » (les religieux étaient alors expulsés d'Espagne). « Il rêvait encore, nous dit-il, la gloire de son ordre et transcrivait les passages des différents auteurs faisant l'éloge de la vie des Chartreux; d'une main tremblante, il notait sur les feuilles blanches d'un livre quelque témoignage oublié ou nouvellement recueilli. » Me sera-t-il permis d'imiter en cela ce religieux, ami du passé, et d'inscrire à la suite de cette relation de voyage à Miraflores une page inédite à la gloire de l'ordre des Chartreux.

Notre savant collègue M. Tamizey de Laroque (1) a consacré jadis, dans la *Revue de Gascogne,* une intéressante notice à D. Bruno Ruade, évêque de Couserans, et qui fut, pendant dix ans, vicaire de la Chartreuse de Paris (2). Il a rappelé les hésitations de ce saint personnage à accepter l'épiscopat. C'est précisément à cette circonstance de la vie de D. Ruade que se rapporte la lettre qu'on va lire; elle est du Général des Chartreux et datée du 30 mai 1622.

Le recueil imprimé des lettres de D. Ruade, à lui ou par lui écrites à propos de son élévation à

(1) Je dois remercier M. Tamizey de Laroque, qui a bien voulu élucider quelques passages obscurs du document, que je publie pour la première fois. Je ne dois pas oublier non plus notre compatriote M. Boué, élève de l'École des Chartes, qui s'est chargé de copier la lettre du *Recueil* de la Bibliothèque nationale.

(2) *Revue de Gascogne* (année 1875).

l'épiscopat, ce recueil, dis-je, contient une autre lettre du même au même, mais datée du 26 avril. J'ai dû me demander pourquoi il y avait ainsi deux lettres dont l'objet est identique à une date aussi rapprochée. La comparaison des deux textes permet, je crois, de répondre à cette question. Je vais donc reproduire ici d'abord la lettre qui se trouve dans le recueil imprimé, c'est-à-dire la première en date :

« *Lettre du Révérend Père Général au R. P. Dom Ruade.*

« Vénérable Père en Nostre-Seigneur Jésus-
« Christ, la grâce duquel soit avec vous.

« Je me réjouis grandement de la digne opinion
« que Sa Majesté a conçue de vostre piété, doc-
« trine et autres belles qualités qu'on voit reluire
« en vous. C'est ce qui luy a donné subjet de
« faire choix de vostre personne pour l'Évesché
« de Couserans, ainsi qu'Elle m'a fait entendre
« par ce qu'Elle m'escrit de Blois en datte du
« 4 de ce mois. Sa Majesté, pour l'espérance
« qu'Elle a que ses subjets recevront un grand
« bien de votre doctrine et conversation, désire
« fort que je vous commande d'accepter ceste
« charge. C'est pourquoy j'ai pensé estre de mon
« devoir de vous exhorter, comme je fais par la
« présente, de satisfaire aux sainctes intentions de
« Sa Majesté, et d'acquiescer au sage et honorable
« jugement qu'Elle faict de vos mérites. Ce seroit

« une trop grande ingratitude de mettre sous le
« muy la lumière que Dieu a allumée en vous ;
« lequel je prie de vous faire la grâce de corres-
« pondre à l'expectation que Sa Majesté et ceux
« qui vous cognoissent ont de vostre suffisance,
« et d'employer les beaux talens que vous avez
« acquis en la solitude des Chartreux au bien de
« l'Église et à la posture et édification de ceste
« bergerie. En quoy vous ferez une chose honno-
« rable à l'Ordre et à nous grandement agréable,
« où je prie Dieu de vous bénir, et nous par vos
« prières. Ce 26 d'avril 1622. Vostre Confrère en
« Dieu, F. Bruno, Général des Chartreux. »

Voici maintenant la lettre du 30 mai :

« Frater Bruno, Prior Cartusiæ, totiusque ordinis
« Cartusiensis minister Generalis, V. Patri D. Bru-
« noni Ruade, professo Cartusiæ Parisiensis, et
« electo in episcopum Couseranensem, in provincia
« Novempopulanie, salutem in Jesu-Christo qui est.
« Amen.
« Ad quartum Aprilis presentis anni, literæ
« Regis Christianissimi ad me delatæ fuerunt de
« tua in prefatum episcopatum erectione. Magnum
« sane pro eo, ac debui, gaudium cepi ex illo gra-
« vissimo regiæ Majestatis de tuis meritis judicio ;
« et quia, ut loquitur Scriptura, « divinatio in
« labiis regis, nec in judicio errabit os ejus, » sta-
« tim ei non solum lubenter acquievi, sed etiam

« Suæ Majestati grandes et humillimas gratias egi,
« pro suo tam insigni erga te et ordinem honore
« et affectu.

« Cum igitur ex illo potissimum officio vicarii
« quod in Cartusia Parisiensi, cum multa Ordinis
« commendatione et magna nominis tui apud sæcu-
« lares gloria, per annos admodum decem, gessisti,
« aperte in te agnoverim conversationem plenam
« integritatis et edecumatæ virtutis, singularem
« sacrarum literarum omnisque sæcularis literaturæ
« peritiam, ingenium rerum magnarum capax et
« animum magno ad Dei cultum et salutem anima-
« rum desiderio incensum aliaque id genus virtutum
« ornamenta, putavi mei esse officii te etsi reni-
« tentem et recalcitrantem non solum hortari sed
« etiam, meo quodam jure, cogere ad hanc sanctam
« sarcinam, pro communi Ecclesiæ bono, susci-
« piendam. Quod tenore presentium facimus, exis-
« timantes te, nisi huic regiæ Majestatis de te
« judicio, multorumque gravium virorum consilio
« satisfactum ineris, pænas daturum servi evange-
« lici qui talentum domini sui in sudario ligavit
« otiosum. Et quamvis hæc infula pontificalis tibi
« sit ulcus et struma futura, æquum tamen est ut
« delicatum otii Cartusiani sabbatismum publico
« Ecclesiæ negotio postponas, pro Dei gloria et
« magno plebis Couseranensis bono, ad quem
« omnium spes est uberrimum fructum a sacro tuo
« pedo et sarculo perventurum.

« Perge ergo summa bona ad tuum sanctum

« ovile et quas in otio solitatis Cartusianæ, ad
« pedes Jesu sedens, virtutes longa exercitatione
« adbibisti, in salutarem illius alimoniam affluenter
« et alacriter effunde. Nos autem Deum orabimus
« ut te totum ex apostolo armatum suo cœlesti
« ceromate inungat ad hoc arduum pastoralis ago-
« nis scamina, ut factus tui gregis currus et auriga
« novam ei lucem et faciem induas ad Dei laudem
« et Cartusiani ordinis decus, cujus te semper esse
« memorem et amantem percupio.

« In quorum fidem, præsentes manu propria
« scriptas sigillo solito munici fecimus.

« Cartusiæ, die trigesima Maii, anno 1622.

« Sig. F. Bruno, Prior Cartusiæ et Generalis
« ordinis Cartusiensis; et inferius F. Justus Perrot,
« scriba ordinis Cartusiensis, cum sigillo. »

Je donne cette lettre d'après une copie du temps
qui en avait été faite sur un feuillet blanc d'une
très ancienne édition de Tertullien (1). A mon avis,
c'est la véritable pièce officielle; la première n'était,
en quelque sorte, qu'une lettre de complaisance,
écrite à la demande du Roi; celle-ci, plus grave
d'allure, est une véritable sommation adressée à
D. Ruade d'avoir à accepter, au nom de l'obéis-
sance, le fardeau de l'épiscopat; elle mit fin à une

---

(1) *Tertuliani opera.* — *Parisius, apud Michaelem Somnium,
M. D. XCVIII.* L'exemplaire sur lequel est copiée la lettre du Général
des Chartreux appartient à M. l'abbé Le Sueur, curé d'Hernicourt.

résistance qui durait déjà depuis plusieurs mois. Quoi qu'il en soit d'ailleurs, elle ne fait pas moins d'honneur à celui qui l'écrivait qu'à celui à qui elle était destinée, et peut-être me pardonnera-t-on de l'avoir publiée à la suite de cette description du couvent de Miraflores, « *ad Dei laudem et Cartusiani ordinis decus.* »

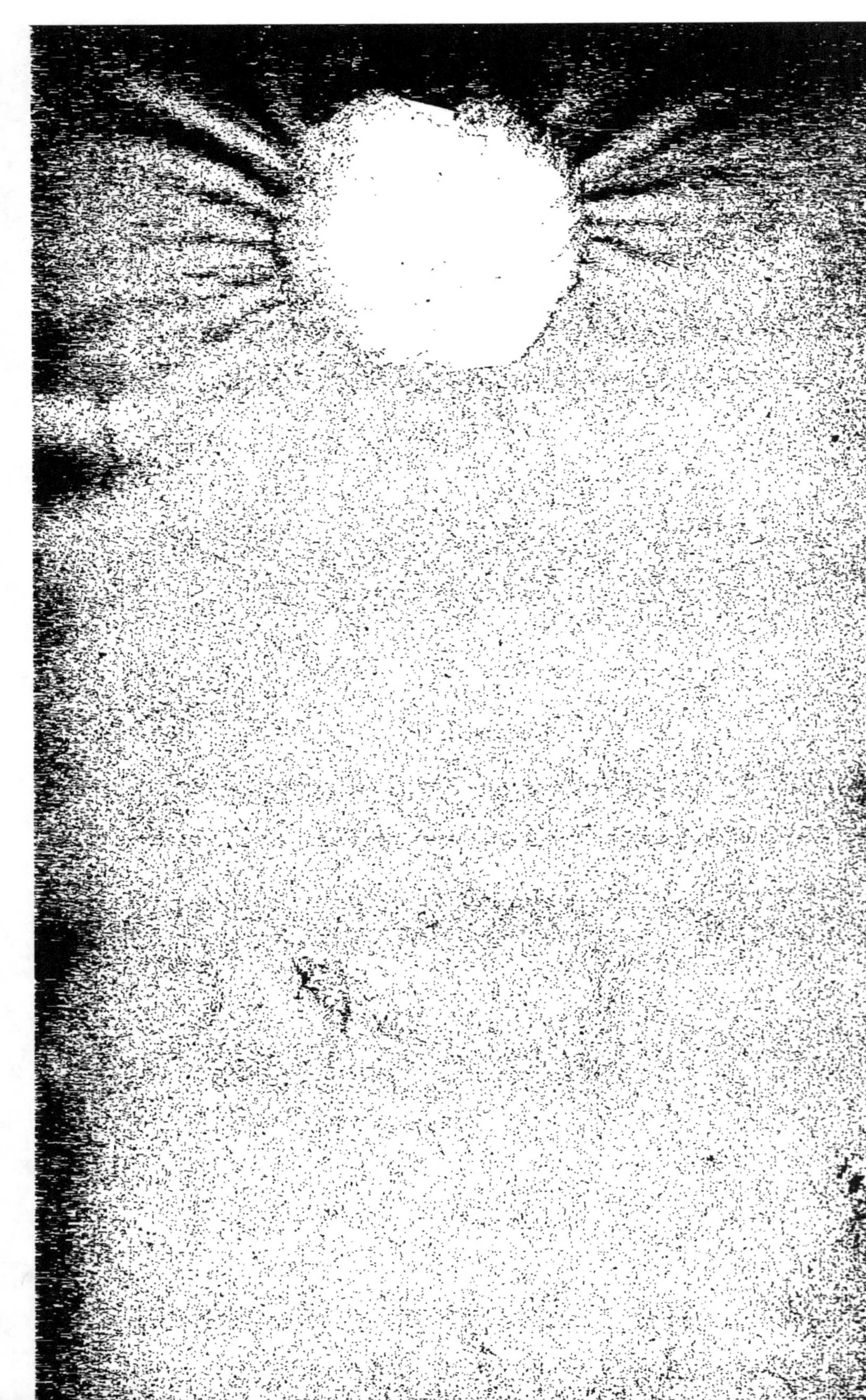

www.ingramcontent.com/pod-product-compliance
Lightning Source LLC
Chambersburg PA
CBHW051305050726
47595CB00008B/3423